novum premium

AURORA FAYE

In Gedanken

Die Reise der Fantasie

novum premium

Bibliografische Information
der Deutschen Nationalbibliothek:

Die Deutsche Nationalbibliothek
verzeichnet diese Publikation in
der Deutschen Nationalbibliografie.
Detaillierte bibliografische Daten
sind im Internet über
http://www.d-nb.de abrufbar.

Gedruckt in der Europäischen Union
auf umweltfreundlichem, chlor- und
säurefrei gebleichtem Papier.

ISBN 978-3-99130-098-4
Lektorat: Tobias Keil
Umschlagfoto:
Denys Bilytskyi | Dreamstime.com
Umschlaggestaltung, Layout & Satz:
novum Verlag
Innenabbildungen:
Seite 8–36, 40–41, 43–52:
www.pixabay.com
Seite 42: Aurora Faye
Seite 38: Instagram@indianpuppy

www.novumverlag.com

Climate neutral
Print product
ClimatePartner.com/16547-2201-1002

Dieses Buch ist all jenen gewidmet,
die stets an mich geglaubt und mich unterstützt haben.

Ich danke von ganzem Herzen
meiner ganzen Familie und
meinen Freunden
(Monika Broschinski, Bianca Grimm,
Evi Weber, Tamás Filotas und Lani),
Andreas und Christian Pendl.

Leben

Das Leben fliegt an uns vorüber wie der Sand im Wind.

Wir gehen blind durch das Leben und wundern uns,
wenn wir nirgends ankommen.

Für das, was zählt, haben wir schon lange keinen Blick mehr.

Geben uns auf, Stück für Stück,
und merken uns'ren Verlust erst wenn's zu spät ist.

Wo soll unser Weg hinführen, wenn wir nichts mehr haben
an dem wir uns festhalten können?

Keine Persönlichkeiten, keine Werte und keinen eigenen
Willen, nichts mehr woran wir glauben.

Wir verpassen unsere schönsten Momente und ersetzen sie
durch schlechte Erinnerungen.

Stets suchen wir nach einem höheren Sinn und vergessen
dabei die vielen kleinen schönen Momente.

Bei unserem ständigen Streben nach Mehr und Höherem
verlieren wir das Wesentliche aus den Augen,
das Leben und die Momente die es ausmachen.

Wir machen das Leben, nicht das Leben uns.

Ein lächelndes Gesicht

Tage kommen und gehen.

So wie am Ende eines Tages die Sonne untergeht,
so verloren fühlen sich mein Herz und meine Seele.

Offenbar unendliche Traurigkeit in mir.

Verborgene Tränen im Herzen.

Ein lächelndes Gesicht, das nichts verrät.

Tränen im Herzen und ein lächelndes Gesicht.

Der Blick in meine Seele bleibt für jeden ein Geheimnis,
denn ich verberge meine Tränen
hinter einem lächelnden Gesicht.

Melancholie und Schmerz

Melancholie und Schmerz,

für mich untrennbar miteinander verbunden.

Egal wie beides auch weh tun mag,
so schön kann das Gefühl von beiden sein.

Fluch und Segen zugleich.

Der Schmerz nährt die Melancholie und
die Melancholie den Schmerz.

Beide nähren meine Inspiration.

Meine Inspiration ist Kreativität,
meine Kreativität ist meine Erfüllung.

Durch all das fühle ich mich lebendig und frei.

Sinn des Lebens

Es gibt nicht DEN Sinn des Lebens.

Auch wenn wir offenbar stets auf der Suche nach ihm sind.

Denn alles, mag es noch so klein sein,
hat einen Sinn im Leben.

Und so haben (leider) auch
die „schlechten“ Dinge einen Sinn im Leben.

Mehr als ich habe

Versuch' nie mich zu versteh'n, denn das wirst du nie.

Versuch' nie mich in eine Schublade zu stecken,
denn dazu habe ich zu viele Facetten.

Versuch' nie mich zu halten,
denn dazu liebe ich meine Freiheit zu sehr.

Nimm mich, wie ich bin und du wirst seh'n,
ich bleib' bei dir und werd' immer zu dir steh'n.

Ich werd' dich versteh'n, dich in all deinen „Farben" seh'n
und dir immer mehr, als ich hab, geb'n.

Phoenix

So wie einst der Phoenix aus seiner Asche emporstieg,
so werde ich aus der Asche derer,
die mich zum Fall brachten, emporsteigen.

Und sie sollen wissen,
dass ich nicht mehr so leicht zu Fall
gebracht werden kann wie einst.

Denn die Erinnerung an meinen Schmerz
lehrte mich das Fliegen,
und lässt mich, sie blendend,
im hellsten Licht über sie scheinen.

Was bereits gestern schon vergangen war

Und ich steh' immer noch hier,
bei all dem, was bereits gestern schon vergangen war.

Warte auf morgen.

Die Realität überschattet die Hoffnung.

Wie versteinert steh' ich hier und seh' zu,
wie sich die Erde weiterdreht.

Ich kann weder vor noch zurück,
bin gefangen bei all dem, was gestern schon vergangen war.

Lass' los

Gib' auf den Schmerz.

Gib' auf.

Es wird Zeit.

Lass' ihn hinter dir,
begrüß' den neuen Tag!

Straße nach nirgendwo

Sind wir auf der Straße nach nirgendwo,
oder wird am Ende irgendetwas auf uns warten?

Wird uns das Paradies oder die Hölle erwarten?

Wo wird unsere „Reise“ enden?

Vielleicht schaffen wir uns unsere „Reise“ selber,
so dass es in unserer eigenen Verantwortung liegt,
wo, wann und wie sie endet.

Traum

Ich träumte, dass ich auf einer Bank im Park sitze.
Die Sonne scheint und ich ihr mein Gesicht zudrehe.
Mich von ihr sanft wärmen lasse.
Die Vögel zwitschern, überall um
mich herum ist der Frühling zugegen.
Ja, gestern war die Welt noch in Ordnung.
Ich schloss meine Augen und schlief ein.
Als ich am nächsten Morgen aufwachte,
beherrschte das Chaos die Welt.
Ich möchte wieder einschlafen und gestern aufwachen.
Plötzlich wird mir klar, ich schlafe nicht.
Und alles, was gestern war,
verblasst langsam zu einer Erinnerung.

Blindes Vertrauen

Durch blindes Vertrauen in die Phantasie,
in die Tiefe gezogen.
Dem Hunger nach mehr folgend.
Die Dunkelheit mit dem Hunger nach Wahrheit fütternd.
Tiefer und tiefer grabend, auf der Suche nach ihr.
Bis die Wahrheit in der Tiefe und Dunkelheit erstickt,
und so nur noch ein vernarbtes Herz mit einer vernarbten
Seele zurückbleibt.

Melancholie

Von der Vergangenheit verfolgt.
Tag für Tag.
Nacht für Nacht.
Außerstande sich ihr zu stellen.
Vielleicht ist es essentiell
diesen Schmerz im Inneren zu fühlen.
Vielleicht muss es so sein, wie es ist.

Ehrlichkeit

Ehrlichkeit und Aufrichtigkeit im Herzen
sind manchmal wie ein Pfad im dunklen Wald.

Nicht sofort und für jeden erkennbar.

Wahrheit

Manchmal bleibt einem die Wahrheit im „Hals“ stecken,
weil jemand anderes sie nicht wahrhaben will
und sein Urteil bereits gefällt hat.
Ohne die Bereitschaft, seine Augen und
sein Herz für die Wahrheit zu öffnen.

Die Frau

Einst gab es eine Frau.
Sie war verliebt.
Doch der Mann, in den sie verliebt war,
wusste noch nicht mal von ihrer Existenz.
Sie lebten in 2 verschiedenen Welten.
Er lebte in der Welt der Stars und Sternchen
von Hollywood und sie in der Welt des Rests.
Sie wusste um die geringe Chance,
dass ihre beiden Welten irgendwann einmal zu einer
verschmelzen würden, doch sie hoffte trotzdem.
Aber was würde sie ihm sagen,
wenn sich ihre Welten doch trafen?
Wie schön er sei?
Ja, das ist er, aber das hatte er bereits millionenfach gehört.
Wie talentiert sie ihn hält?
Das hatte er bestimmt auch schon millionenfach gehört.
Oder wie sie seine Arbeit als Schauspieler respektiert?
Das ist bestimmt auch etwas,
das er bereits millionenfach gehört hatte.
Was also sollte sie ihm sagen?
Sie grübelte und grübelte.
Doch nichts erschien ihr plausibel und einzigartig genug.
Also gab sie das Grübeln auf.
Auch ihre Hoffnung auf eine Chance und
ihre Liebe zu ihm wollte sie aufgeben.
Doch egal, wie sehr sie das versuchte, es gelang ihr nicht.
Und so hofft sie auch heute noch,
dass eines Tages ihre Chance kommt.

Das Kind und der Welpe

Die Welt weiß nichts von diesem Kind und diesem Welpen.
Und doch trafen sich die Welten
dieser beiden wundervollen Geschöpfe.
Sie schenken sich gegenseitig Freundschaft und Halt,
umgeben von einer Welt voller
Gewalt, Ignoranz, Schmerz, Herzlosigkeit und Lügen.
Diese beiden wunderbaren Geschöpfe zeigen uns beispielhaft,
wie einfach es ist sich gegenseitig und
seiner Umweltein wenig Liebe, Aufmerksamkeit, Respekt,
Freude und Toleranz zu schenken.
Die Welt sollte sich diese beiden kleinen Geschöpfe zum
Vorbild nehmen und es ihnen gleichtun.

Instagram: @indianpuppy

Zeit

Wir wissen alle dass unsere Zeit hier
auf Erden begrenzt ist und nicht ewig währt.
Und doch, wenn uns ein geliebtes Wesen verlässt, bleibt in
unserem Herzen eine tief schmerzende Leere zurück.
Aber so ist das Leben, Geburt und Sterben,
tiefer Schmerz im Herzen.
Das, was zum Schluss bleibt, sind all die schönen
Erinnerungen an die, die wir liebten.
Diese Erinnerungen gilt es zu schützen,
um unsere Liebsten für immer in Ehren zu halten.
In Gedenken an all jene die ich in mein Herz schloss
und nun für immer von uns gegangen sind.
Ihr seid nie vergessen und für immer in meinem Herzen.

Das bin ich/Ich bin ...

… eine Rebellin.

… die „Brave“ von nebenan.

… aber auch der „Freak“.

… oder auch mal die „Techno-Maus“.

… mal die „Öko-Tussi“.

… die „Tattoo-Verrückte“.

… die „Künstlerin“.

… manchmal auch die „Melancholische“.

… oder einfach mal die „Langweilerin“.

Das alles bin ich!
Keine Schublade, in die man mich stecken könnte.
Reduziert auf Äußerlichkeiten oder Verhalten.
Aber eines bin ich in all meinen Facetten immer:
ehrlich, ohne Rücksicht auf „Verluste“,
doch eines bin ich nie: eine „Kopie!“

Freude

Warum fällt es uns so schwer Zeit für uns und das,
was uns Freude bereitet, zu finden?
Wo es doch so einfach sein sollte?
Was hält uns zurück?
Warum machen wir uns zu Gefangenen unserer Selbst?
Ich sehe in viele Gesichter, tagein, tagaus.
Doch in keinem kann ich „wahre“ Freude sehen.
Ist Freude am Ende „nur“ ein flüchtiges Gefühl?
Besteht sie aus vielen kleinen Augenblicken?
Dann sollten wir diese Augenblicke der Freude genießen,
ihnen einen besonderen Platz in unseren Herzen zukommen
lassen, um uns später an sie erinnern zu können.
Die Dinge oder die Momente, die uns Freude schenken,
bewusst erleben und genießen.

Gleichgesinnte

Mein Herz bricht jeden Tag aufs Neue ein bisschen mehr,
wenn ich diese Welt voller Gewalt, Hass,
Lügen, Respektlosigkeit und Schmerz sehe.
Nicht genug, dass die Menschen sich gegenseitig mit
Ignoranz, Hass und Gewalt begegnen.
Nein, sie begegnen der Tierwelt
und der Natur auf dieselbe Weise.
Es macht mich hilf- und hoffnungslos zu sehen,
zu wissen, dass ich nichts dagegen tun kann.
So muss ich wohl mit dem Bewusstsein leben,
dass sich die Menschen nie ändern werden.
Wie könnten sie auch, die Menschheit
ist einfach nicht dafür geschaffen.
Aber ich finde Trost in den Menschen,
welchen ich auf Instagram oder
auch im echten Leben
begegne.
In ihnen finde ich Gleichgesinnte.
Sie versprühen einen Hoffnungsschimmer
wie warme Sonnenstrahlen, welche mein Herz
erwärmen und mich dankbar für diese Menschen machen.

Ich danke all den „guten“ Menschen und
Gleichgesinnten da draußen.

Große Träume

Man sagt, man soll seine Träume verwirklichen.
Aber soll das wirklich für jeden gelten oder nur für
diejenigen, welche bereits über eine
Unterstützung (welcher Art auch immer) verfügen?
Ich träume nicht von Ruhm und Reichtum.
Nein.
Mein Traum ist es mich mir und meinen Hobbys
widmen zu können.
Vielleicht auch durch diese auch meinen Lebensunterhalt zu
verdienen, so dass ich sorglos davon leben kann.
Ist es möglich, dass es nur bestimmten Menschen
vorbestimmt ist ihre Träume verwirklichen
zu können und glücklich zu sein?
Kann man zu groß träumen?
Vielleicht träume ich zu groß.
Aber es schmerzt im Herzen und
der Seele ein Leben zu führen mit dem Gefühl,
dass etwas Anderes meine Bestimmung ist.
Aber schließlich muss man ja Geld verdienen,
um „leben“ zu können.
Also was tun?

Man sagt …

Man sagt, Schönheit liege im Auge des Betrachters.
Trotzdem scheint es, dass es offensichtlich
schöne Menschen es leichter im Leben haben.
Ganz besonders wenn es um das Thema Erfolg geht.
Und dabei scheint es egal zu sein,
wie das Spiegelbild ihrer Seele aussieht.
Ich schätze mal, dass das in der Erfolgswelt
wohl keine Rolle spielt.
Doch menschlich gesehen …
Nun, in unserer Gesellschaft werden
schöne Menschen wohl leichter von anderen angenommen
oder akzeptiert als jene, die „nur“ über
eine schöne Seele verfügen.
Aber, ist es auch wirklich so?
Spielt in unserer Gesellschaft unsere Optik so eine große
und unser Charakter wirklich so eine untergeordnete Rolle?

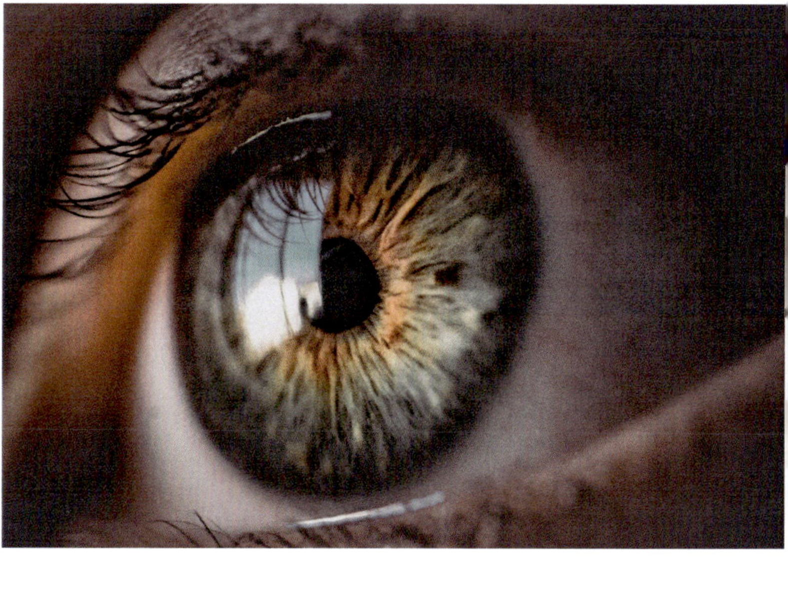

Steine

Die größten und schwersten Steine lege ich mir oft durch
meine Ehrlichkeit und Aufrichtigkeit
selbst in den Weg.
Ich stolpere über sie und stehe wieder auf.
Aber ich räume sie niemals auf.

Die Autorin

Aurora Faye wurde 1978 in Merseburg geboren, lebt aber mittlerweile in München. Nach der Schule schnupperte sie in einige Branchen rein, wobei sie aber zunächst immer eine Suchende blieb. Mit der Arbeit in einem Archiv bzw. in der dortigen Scanstelle ist sie beruflich angekommen. Das liegt sicher daran, dass sie hier in gewisser Weise kreativ arbeiten kann. Denn Fantasie und Kreativität waren schon von Kindesbeinen ihre besonderen Begabungen. Daher pflegt sie auch heute noch in ihrer Freizeit kreative Hobbys; neben dem Schreiben vor allem Malen bzw. Zeichnen und Fotografieren. Aufgrund der beruflichen Eingespanntheit ist aber das Schreiben zu ihrem dominanten Hobby geworden. Nachdem sie einige Gedichte im Internet veröffentlicht hatte und gutes Feedback bekam, entschloss sie sich nun, ihren ersten Gedichtband vorzulegen.